Voici un **gorille**.

Ce gorille est
dans une **forêt**.

MES AMIS LES ANIMAUX DU ZOO

LES GORILLES

AMY CULLIFORD

Un livre de la collection Les racines de Crabtree

CRABTREE
Publishing Company
www.crabtreebooks.com

Soutien de l'école à la maison pour les parents, les gardiens et les enseignants

Ce livre aide les enfants à se développer grâce à la pratique de la lecture. Voici quelques exemples de questions pour aider le lecteur ou la lectrice à développer ses capacités de compréhension. Les suggestions de réponses sont indiquées en rouge.

Avant la lecture

- De quoi ce livre parle-t-il?
    - *Je pense que ce livre parle des gorilles.*
    - *Je pense que ce livre parle de ce que font les gorilles.*

- Qu'est-ce que je veux apprendre sur ce sujet?
    - *Je veux savoir où vivent les gorilles.*
    - *Je veux apprendre de quelles couleurs peuvent être les gorilles.*

Pendant la lecture

- Je me demande pourquoi...
    - *Je me demande pourquoi les gorilles sont noirs ou bruns.*
    - *Je me demande pourquoi les gorilles vivent dans les forêts.*

- Qu'est-ce que j'ai appris jusqu'à présent?
    - *J'ai appris que les gorilles aiment jouer.*
    - *J'ai appris que les gorilles peuvent être de différentes couleurs.*

Après la lecture

- Nomme quelques détails que tu as retenus.
    - *J'ai appris que les gorilles mangent des fruits.*
    - *J'ai appris que les gorilles vivent dans les forêts.*

- Lis le livre à nouveau et cherche les mots de vocabulaire.
    - *Je vois le mot* ***gorille*** *à la page 3 et le mot* ***forêt*** *à la page 4. L'autre mot de vocabulaire se trouve à la page 14.*

La plupart des gorilles sont noirs.

Certains gorilles aiment jouer.

Tous les gorilles peuvent courir.

Tous les gorilles mangent des **fruits**.

Liste de mots

Mots courants

aiment	est	sont
certains	jouer	tous
courir	mangent	un
dans	peuvent	voici
des	plupart	

La boîte à mots

forêt

fruits

gorille

30 mots

Voici un **gorille**.

Ce gorille est dans une **forêt**.

La plupart des gorilles sont noirs.

Certains gorilles aiment jouer.

Tous les gorilles peuvent courir.

Tous les gorilles mangent des **fruits**.

LES GORILLES

CRABTREE Publishing Company

Autrice : Amy Culliford
Conception : Rhea Wallace
Développement de la série : James Earley
Correctrice : Janine Deschenes
Conseils pédagogiques : Marie Lemke M.Ed.
Traduction : Annie Evearts
Coordinatrice à l'impression : Katherine Berti
Références photographiques :
Shutterstock : svetjekolem : couverture; Edwin Butter : p. 1, 9; Musicheart7 : p. 3, 14; Gudkov Andrey : p. 5, 14; Travel Faery : p. 7; Michael Verbeek : p. 11; Stayer : p. 12, 14

Crabtree Publishing Company
www.crabtreebooks.com 1-800-387-7650

Au Canada : Nous reconnaissons l'appui financier du gouvernement du Canada par l'entremise du Fonds du livre du Canada pour nos activités de publication.

Publié aux États-Unis
Crabtree Publishing
347 Fifth Avenue
Suite 1402-145
New York, NY, 10016

Publié au Canada
Crabtree Publishing
616 Welland Ave.
St. Catharines, Ontario
L2M 5V6

Imprimé au Canada/062021/CPC

Catalogage avant publication de Bibliothèque et Archives Canada
Titre: Les gorilles / Amy Culliford ; texte français d'Annie Evearts.
Autres titres: Gorillas. Français.
Noms: Culliford, Amy, 1992- auteur.
Description: Mention de collection: Mes amis les animaux du zoo | Les racines de Crabtree | Traduction de : Gorillas. | Comprend un index.
Identifiants: Canadiana (livre imprimé) 20210272309 | Canadiana (livre numérique) 20210272317 | ISBN 9781039607583 (couverture souple) | ISBN 9781039607644 (HTML) | ISBN 9781039607705 (EPUB) | ISBN 9781039607767 (livre numérique avec narration)
Vedettes-matière: RVM: Gorille—Ouvrages pour la jeunesse. | RVMGF: Documents pour la jeunesse.
Classification: LCC QL737.P94 C8514 2022 | CDD j599.884—dc23